AF460430

LE

PANORAMA DE PARIS,

OU

C'EST FÊTE PARTOUT!

DIVERTISSEMENT EN CINQ ACTES, EN VAUDEVILLES,

A l'occasion du Baptême de S. A. R. Monseigneur le Duc de Bordeaux;

Par MM. THÉAULON et DARTOIS;

Représenté, sur le Théâtre Royal de l'Opéra-Comique, pour les fêtes du Baptême.

Prix : 1 fr. 50 cent.

A PARIS,

Chez QUOY, Libraire, Éditeur de Pièces de Théâtre, boulevard Saint-Martin, n°. 18.

DE L'IMPRIMERIE D'ÉVERAT, RUE DU CADRAN, N°. 16.

1821.

PERSONNAGES. ACTEURS.

PERSONNAGES.	ACTEURS.
LE MARÉCHAL.	M. Huet.
MONSIEUR MARTIN.	M. Ponchard.
MILORD TACITURNE.	M. Vizentini.
MIMI FLUET.	M. Lemonnier.
UN AUTEUR.	M. Ferreol.
LAVALEUR.	M. Batiste.
LEFRANC.	M. Darancourt.
UN SOLDAT.	M. Allaire.
M. JULIET fils.	
M. FROMAGEOT.	
MICHEL-DUMONT.	M. Sulleau.
MAITRE JACQUES.	M. Chenard.
Cavaliers.	
Un Huissier de la chambre de Monseigneur le Duc de Bordeaux.	M. Louvet.
Voyageurs.	
Choristes de l'Opéra-Comique.	
Forts de la Halle.	
Mlle. DESBROSSES.	
Mme. LEMONNIER.	
Mme. PAUL.	
Mlle. LECLERC.	
LA MÈRE BONTEMS.	Mme. Belmont.
JAVOTTE.	Mme. Gavaudan.
MANON.	Mme. Boulanger
LA PROVENÇALE.	Mme. Prader.
LA NORMANDE.	Mlle. Prevost.
LA CHAMPENOISE.	Mme. Ponchard.
LA LIMOUSINE.	Mlle. Certain.
LA PICARDE.	Mme. Rigaut.
Dames du Berceau.	
Poissardes.	
Peuple.	
Artistes, etc.	

La Scène se passe à Paris, le jour du Baptême.

LE

PANORAMA DE PARIS,

OU

C'EST FÊTE PARTOUT!

DIVERTISSEMENT EN CINQ ACTES, EN VAUDEVILLES.

ACTE I.

(L'Ouverture du Jeune Henri.)

Le Théâtre représente une salle d'auberge ; il y a des portes numérotées autour de la chambre.

SCÈNE I.

Au lever du rideau une foule de voyageurs sortent de leurs chambres et parlent tous à-la-fois.

1er. VOYAGEUR.

Garçon !

2e. VOYAGEUR.

La fille !

3e. VOYAGEUR.

M. Lefranc !

4e. VOYAGEUR.

M. l'hôte!

5e. VOYAGEUR.

Holà! hé ! quelqu'un !

6e. VOYAGEUR.

Au numéro premier.

UN AUTRE.

Au numéro cinq.

UN AUTRE.

Au numéro six.

UN AUTRE.

Au numéro huit.

UN AUTRE.

Au numéro dix.

SCÈNE II.

LES MÊMES, LEFRANC, GARÇONS.

LEFRANC, *arrivant.*

On y va ! on y va !..

LE 1er. VOYAGEUR.

Mon déjeûner !

LE 2e. VOYAGEUR.

Mon tailleur !

LE 3e. VOYAGEUR.

Mon cordonnier !

UN AUTRE.

Le coiffeur !

UN AUTRE.

Un fiacre !

UN AUTRE.

Un journal !

UN AUTRE.

Un cabriolet !

UN AUTRE.

Sur le champ !

UN AUTRE.

Je n'ai pas le temps d'attendre.

LEFRANC.

Ces Messieurs n'attendront pas.

TOUS, *de leur porte.*

Ne m'oubliez pas. (*Ils rentrent.*)

SCÈNE III.

LEFRANC.

Quel bruit! quel vacarme! je ne sais auquel entendre.. mais c'est bien naturel.... ces braves gens sont pressés de se rendre au château des Tuileries, où notre Duc de Bordeaux reçoit tout le monde aujourd'hui. C'est pourtant à cet enfant que je dois ma fortune ; depuis sa naissance, l'*hôtel de l'Union* ne désemplit pas, toute la France y passera. C'est demain le baptême : je suis sûr que les diligences d'aujourd'hui vont encore m'amener une grande quantité de voyageurs... Arrivez donc, Messieurs, arrivez donc! l'*hôtel de l'Union* est grand; il y a place pour tout le monde.

Air : *Comme faisaient nos pères.*

1er. COUPLET.

Oui, la naissanc' de cet enfant,
Que la France révère,
D'un avenir prospère
Est pour nous un heureux garant;
Oui, l'espérance
Renaît en France;
Oui, l'espérance
Console notre France;
Et, près de ce berceau divin,
Tous les Français s'donnant la main.
Répèteront désormais pour refrain :
Pour nous, c't' enfant va faire
Ce qu'aurait fait son père.

2e. COUPLET.

L'Prince son père, se fit un' loi
D'soulager l'indigence:
C'était un' providence;
Qu'eût-il fait s'il eût été Roi?
Pr'nant pour exemple,
C'Roi qu'on contemple;
Oui, prenant pour exemple
C'bon Roi qu' l'Europe contemple,

Il aurait fait bénir son nom ;
Et de son illustre Maison
Il nous aurait donné maint rejeton...
Mais l'fils fera j'espère,
Tout c'qu'aurait fait le père.

UNE VOIX, *dans la coulisse.*

M. Lefranc ! M. Lefranc !

LEFRANC.

On y va ! (*regardant dans la coulisse.*) Eh ! c'est M. Martin ! surnommé l'*Observateur*, cet original qui, par ses observations et sa gaité, m'amène tant de pratiques.

SCÈNE IV.

LEFRANC, M. MARTIN.

M. MARTIN, *entrant.*

M. Lefranc ! M. Lefranc !

LEFRANC.

J'y allais, M. Martin, j'y allais !

M. MARTIN.

Que diable ! mon cher, à quoi pensez-vous donc de me faire attendre ainsi ? vous savez que je suis l'homme du siècle le plus occupé, et que je fais tous les jours les quatre coins de Paris pour observer les progrès des mœurs et des lumières. Je suis en retard ce matin... (*Tirant sa montre.*) Il est déja neuf heures ; vite mon tilbury de remise et mon jockey de circonstance... vous savez qu'hier j'ai parié que je ferais rire milord Taciturne, mon voisin ; je veux m'y prendre de bonne heure.

LEFRANC.

N'avez-vous pas parié aussi que vous le feriez danser et chanter.

M. MARTIN.

Oui, vraiment !... milord Taciturne, fort honnête homme du reste, a le caractère le plus inconcevable qu'on ait jamais vu. Il est venu se loger à l'hôtel de l'*Union* et il ne veut pas être gai ; non-seulement il ne veut pas l'être, mais il prétend que les autres ne le sont pas! il ne voit nulle part une allégresse *communicative*, et c'est sur ce mot de *communative*, que moi, qui suis observateur de ma nature, ai parié à milord Taciturne, cent cinquante louis contre cent cinquante guinées, qu'avant la fin du jour, je lui aurai communiqué, innoculé, si je puis m'exprimer ainsi, la joie et la gaîté qui règnent dans Paris.

LEFRANC.

Vous aurez fort à faire... Milord Taciturne est un rude penseur... s'il rit, il ne rira que du bout des dents.

M. MARTIN.

Que m'importe à moi, qu'il rie du bout des dents, chante du bout des lèvres ou danse du bout des pieds! je n'en gagnerai pas moins mon pari, et peut-être parviendrai-je à le convertir!... et à le rendre digne de loger chez vous, car vous ne devez loger dans *l'hôtel de l'Union*, Allons, allez demander mon cabriolet et faites avertir Milord.... Une des conditions de notre gageure, c'est que pour aujourd'hui, il se met entièrement à ma disposition et que je pourrai l'emmener partout où bon me semblera.... je vais le faire joliment courir.

LEFRANC, *sortant*.

Moi, je vais l'avertir. (*Il sort.*)

SCÈNE V.

M. MARTIN, *seul*.

L'entreprise est un peu hardie!... et mes cent cinquante louis un peu aventurés... mais c'est une observation que je veux faire... Il y en a qui m'ont coûté plus cher que cela.... d'ailleurs, je suis bien aise de parcourir aujourd'hui Paris dans tous les sens, pour jouir de l'allégresse unanime d'une grande population; c'est un spectacle bien doux pour un bon Français, et je me flatte de l'être... c'est une observation que j'ai faite depuis long-temps.

ROMANCE.

1er. COUPLET.

Enfant de la victoire,
Le Français par la gloire
Fut long-temps ébloui;

Plus heureux aujourd'hui,
Et non moins intrépide,
L'honneur seul est son guide;
Et l'on revient toujours
A ses premiers amours.

2e. COUPLET.

O France si chérie!
O ma belle patrie!
Des arts et de la paix
Tu goûtes les bienfaits!
A l'envi tes provinces
Bénissent tous nos Princes;
Car, l'on revient toujours
A ses premiers amours.

UNE VOIX, *dans la coulisse.*

Goddem! goddem!

M. MARTIN.

Mais voici milord Taciturne... Je crois, dieu me pardonne, que sa figure est encore rembrunie depuis hier!... est-ce qu'il voudrait me faire perdre mon pari?

SCÈNE VI.

M. MARTIN, MILORD TACITURNE.

M. MARTIN.

Votre serviteur, Milord.

MILORD.

Bonne jour, petite badine!

M. MARTIN.

Eh bien, partons-nous?

MILORD.

Quand vos vodrez!... vous espérez toujours gagner moi?

M. MARTIN.

Plus que jamais, Milord, je vous trouve l'air tout jovial ce matin.

MILORD.

Vos vos trompez.

M. MARTIN.

C'est possible!

MILORD.

Ét vous espérez faire rire moi?

M. MARTIN.

Certainement!

MILORD.

Oh!... rire moi-même...

M. MARTIN.

Vous-même!... et qui pis est, je veux vous faire pleurer.

MILORD.

Oh! oh! pleurer moi!

M. MARTIN.

Oui, Milord, pleurer de plaisir!

MILORD.

Oh! oh! oh! goddem! monsieur Martin, il était folle! Partons, je étais dans l'impatience de confondre vous.

SCÈNE VII.

LES MÊMES, LEFRANC.

LEFRANC.

Monsieur Martin, votre cabriolet vous attend!

M. MARTIN.

Allons, Milord, je vous emmène d'abord à la halle.

MILORD.

A la halle, moi!

M. MARTIN.

Au marché des Innocens!... je réponds de vous!... adieu, père Lefranc.

LEFRANC.

Je suis bien fâché de vous voir partir, M. Martin; vous aviez ici des observations à faire!... les diligences qui viennent d'arriver ont amené des femmes de toutes les parties de la France, qui viennent assiter au baptême... rien n'est si joli que cette diversité de costumes... et avec leurs baragouins, ma maison va devenir une véritable tour de Babel.

M. MARTIN.

Oui, ce sera la confusion des langues! mais Milord, avant tout... j'observerai ces dames demain.

TOUTES LES FEMMES, *dans la coulisse.*

Eh! l'auberge!

LEFRANC.

Tenez, les voilà!

SCÈNE VIII.

LES MÊMES, UNE PROVENÇALE, UNE PICARDE, UNE NORMANDE, UNE CHAMPENOISE, UNE CAUCHOISE, UNE VEDÉENNE, *etc., etc. chacune avec le costume de sa province.*

CHOEUR, *en entrant.*

Beaux jours de notre France,
Vous voilà (*bis.*) revenus!
Plaisirs, bonheur et danse,
Ah! ne nous quittez plus!

M. MARTIN, *à Milord.*

Comment donc? mais plus je les observe, plus je les trouve charmantes.

LEFRANC.

Ces dames viennent à Paris pour voir le baptême?

LA PROVENÇALE, *avec l'accent.*

Pour moi, je ne viens pas pour autre chose! j'aime mieux Marseille que Paris, mais par malheur, le château des Tuileries, il n'est pas dans les bastides de la Provence.

LA LIMOUSINE.

Ah! diable!... chi lé château du Roi était à Limoges je ne serais pas venue, non mai.

LA NORMANDE.

Ni mé.

LA PICARDE.

Ni moué.

LA CHAMPENOISE.

Ni moi itou.

RONDE.

Le matin, quand nous vendangeons,
Faut nous entend' sur la montagne;
Et le soir, quand nous revenons,
Ce n'est qu'un cri dans la campagne!
Vive le roi (*bis.*)
C'est le refrain de la Champagne!
Vive le Roi! (*bis*)
C'est le refrain de chez moi.

LA PICARDE.

2e. COUPLET.

Moi qui vous arriv', par Noyon,
De Saint-Quentin qu'est ma patrie;
J'sais que l'Picard est franc luron,
Et qu'c'est toujours d'bon cœur qu'il crie:
Vive le Roi! (*bis.*)
C'est le r'frain d' la Picardie!
Vive le Roi! (*bis.*)
C'est le refrain de chez moi.

LA VENDÉENNE.

3e. COUPLET.

Aucun pays n'vaut mieux que l'mien;
Not' voix n' peut êtr' intimidée
Il faut entendr' le Vendéen,
Quand il vous lâche sa bordée!
Vive le Roi! (*bis.*)
C'est le r'frain de la Vendée.
Vive le Roi! (*bis.*)
C'est le refrain de chez moi.

LA PROVENÇALE.

4e. COUPLET.

Quand un jeune homm' me fait la cour,
Soit dans les champs, soit à la danse,
Pour être sûr' de son amour,
J'lui fais toujours crier d'avance:
Vive le Roi! (*bis.*)
C'est le refrain d'la Provence!

Vive le Roi ! (*bis.*)
C'est le refrain de chez moi.

LA NORMANDE.

5e. COUPLET.

Marchez, marchez : pour les Normands,
Il est juste que je m' récrie;
Car, en fait de bons sentiments;
Ils ont la pomm', je l'certifie !
Vive le Roi ! (*bis.*)
C'est l'refrain d' la Normandie;
Vive le Roi ! (*bis.*)
C'est le refrain de chez moi.

M. MARTIN.

Eh ! Mesdames, je vais vous mettre d'accord.

6e COUPLET.

Sur ce point vous vous disputez ?
Un instant faites donc silence.
Entendez-vous, de tous côtés,
Ce cri, qui toujours recommence :
Vive le Roi ! (*bis.*)
C'est le cri de toute la France !
Vive le Roi ! (*bis.*)
C'est le cri de chacun chez soi.

LA PICARDE.

J'suis députée par les femmes d'mon pays.

LA PROVENÇALE.

Ettou ! et moi aussi.

LA NORMANDE.

Et mé tout d'même.

LA CHAMPENOISE.

Et moi itou... j'sis députée.

LEFRANC, *riant.*

Des femmes députées !

M. MARTIN, *à Lefranc.*

Donnez-leur une chambre.

LEFRANC.

Est-ce qu'elles voudraient nous faire des lois aussi ?

M. MARTIN.

Non, ces dames sont plus modestes, elles ne veulent que nous faire la loi.

MILORD, *à monsieur Martin.*

Elles avaient l'air d'être un peu égrillardes, les Françaises !

M. MARTIN.

N'allez-vous pas faire le procès à ces dames.... on en fait bien d'autres en Angleterre ; mais ceci ne vous fait pas rire, et le temps se passe... Mesdames, si mes observations peuvent vous être utiles, disposez de moi !... Venez Milord... Adieu, mon cher Lefranc.

UN GARÇON.

Les chambres de ces Dames sont prêtes.

LA CHAMPENOISE.

C'est ça, allons nous reposer d'abord, et puis nous irons toutes ensemble au château, faire notre visite au Roi.

LA PROVENÇALE.

Oh ! je ne me repose point moi... je vais à la caserne, voir mon cousin Lavaleur.

CHOEUR.

Air *de Picaros.*

Ah ! quel plaisir ! ah ! quel bonheur extrême !
Si déjà ce petit enfant
Fait tant de bien le jour de son baptême,
Que f'ra-t-il donc quand il s'ra grand ?

MILORD, *bas, à M. Martin,*

Je ne rirai pas, sur mon âme !

M. MARTIN, *à Milord.*

Pour mieux vous égayer, ma foi,
Allons d'abord voir votre femme ?

MILORD.

Ça ne fera pas rire moi.

CHOEUR GÉNÉRAL.

Ah ! quel plaisir ! ah ! quel bonheur extrême !
Si déjà ce petit enfant

Fait tant de bien à son baptême,
Que fera-t-il quand il sera grand ?

(Ils sortent.)

ACTE II.

Le Théâtre change, et représente une caserne ; le buste du Roi est dans le fond, entouré de lauriers et surmonté de drapeaux.

SCÈNE I.

Soldats, *achevant de décorer la caserne, et d'autres buvant sur le devant de la scène.*

CHOEUR.

A boire ! à boire ! à boire !
A la gloire
De nos drapeaux !
A boire ! à boire ! à boire !
A la santé du Duc de Bordeaux.

UN SOLDAT.

En vain l'hyver, par sa présence,
Chasse les fleurs, braves guerriers,
Pour tout's les fêtes de la France
Nous aurons toujours des lauriers.

CHOEUR GÉNÉRAL.

A boire ! à boire ! etc.

SCÈNE II.

Les Mêmes, MIMI FLUET *en fiancé.*

MIMI.

Pardon, excuse camarade, si j'ose entrer dans votre appartement sans me faire annoncer... mais la sentinelle m'a dit comme ça, qu'elle ne pouvait pas se déranger, et je suis entré moi-même.

UN SOLDAT.

Quel est donc ce jeune cadet ?

MIMI.

Je suis Mimi Fluet pour vous servir, si j'en étais capable, et je viens chercher le grenadier Lavaleur pour son mariage : nous nous marions tous les deux.

LE SOLDAT.

Comment ! il vous épouse ?

MIMI.

Ah ! non ! il épouse ma sœur et j'épouse la sienne... c'est M. le Maire qui nous a choisis... lui comme un brave qui a tué bien des ennemis, et moi, comme un honnête garçon, qui n'a fait de mal à personne... Mais ce n'est pas étonnant, M. Lavaleur est un grenadier, et moi je suis dans le commerce de coton : chacun son métier.

LE SOLDAT, *lui frappant sur le ventre.*

Tu m'as l'air d'un bon vivant, toi !... viens boire un coup avec nous.

MIMI.

Ah ! oui... mais je peux pas... ça me griserait !... quand je suis gris, je dors; et si j'allais m'endormir, je ne pourrais pas me marier aujourd'hui.

LE SOLDAT.

Eh bien, tu te marieras demain.

MIMI.

Ah ! oui... mais...

LE SOLDAT.

Allons, point de façons. (*On entend le tambour, un rappel.*)

MIMI.

Qu'est-ce donc que cela ?

LE SOLDAT.

C'est le rappel... le maréchal va nous inspecter et donner des croix d'honneur.

MIMI.

En vérité ? puisque me voilà, si je pouvais en avoir une petite, ça ferait honneur au commerce de coton.

LE SOLDAT.

Il est original.

MIMI.

Je ne pourrai donc pas parler à Lavaleur.

LE SOLDAT.

Attendez-le ici... je vais vous l'envoyer... allons, camarades encore un coup.

CHOEUR.

A boire! à boire! à boire!
A la gloire
De nos drapeaux.
A boire! à boire! à boire!
A la santé du Duc de Bordeaux.

(*Ils sortent.*)

SCÈNE III.

MIMI FLUET, *seul.*

Ah! Dieu! comme c'est aimable, les soldats! voilà pourtant comme je serais si ma bonne maman l'avait voulu... j'avais des dispositions pour la guerre, moi!... je suis un peu taquin de mon naturel, et avec ça que je suis brave, il faut voir? (*On entend la trompette, ça le fait sauter.*) Ah! oui!... mais qu'est-ce que c'est que ça? (*Regardant par la fenêtre.*) C'est la cavalerie à cheval qui passe... encore un beau corps, où j'aurais ben voulu entrer... comme cuirassier!... par exemple! parce qu'avec une cuirasse... Frrr!... ça glisse!... ah! oui! mais les boulets de canon, il n'y a pas de cuirasse pour ça; c'est brutal en diable!... et puis la marche, la fatigue de la guerre... Tout bien considéré, ma bonne maman a bien fait de me mettre dans le coton.

Air : *C'est de l'or, de l'or.*

C'est la peur, la peur, la peur,
Qui guide le monde,
A la ronde;
Pourquoi prendre un air trompeur,
La peur
Est dans le cœur.

L'avare craint pour sa richesse,
Le vigneron pour son raisin,
L'amant tremble pour sa maîtresse,
Le buveur tremble pour son vin.
La vieille, c'est l'usage,
Tremble pour son carlin,

Laprude pour son âge,
L'Agnès pour son p'tit s'rin.

C'est la peur, etc.

Qui fait plier devant l'audace?
Qui fait courir maint employé?
Qui fait pâlir cet homme en place,
Quand un Ministre est renvoyé?
A Boulogne, à Vincennes,
Où vont nos bretailleurs,
Qui fait vivre sans peines
Tant de restaurateurs?

C'est la peur, etc.

Qui rend les jambes plus légères,
Lorsque l'on fuit un créancier?
Qui fait que l'on ne place guères
Son argent chez certain banquier?
Qui fait que l'innocence
Sort si peu dans Paris?
Qui port' malheur, en France,
A beaucoup de maris?

C'est la peur, etc.

Qui fait courir aux mélodrames?
Qui fait, on le voit à présent,
Qu'on assure tout, jusqu'aux femmes,
Ce qui n'est pas très-rassurant?
Qui fait que mon langage
Ne saurait outrager?
Qui m'ôte le courage
Au moment du danger?

C'est la peur, etc.

Qu'est-ce que je vois donc là?

SCÈNE IV.

MIMI, LA PROVENÇALE, *entrant doucement.*

LA PROVENÇALE.

Il n'y a personnne ici?

MIMI.

Il n'y a que moi, Mamzelle : oh! oui, mais n'ayez pas peur,

je suis un Bourgeois... qu'est-ce que vous demandez à la Caserne ?

LA PROVENÇALE.

Je voudrais parler à M. Lavaleur.

MIMI.

A Lavaleur ! (*A part.*) Est-ce qu'il aurait une inclination subalterne ? (*Haut.*) Je viens à la même fin que vous, Mamselle... Mais je ne crois pas que M. Lavaleur puisse vous entretenir aujourd'hui ; il est en ce moment à la revue, et au sortir de la revue, il va se marier.

LA PROVENÇALE.

Se marier... Dieu ! *Elle tombe sur une chaise.*)

MIMI.

Ah ! mon Dieu!.. elle se trouve mal! me voilà bien! je suis seul ici !. Je m'en vais appeler la garde. (*Il va pour sortir par la porte du fond.*)

SCÈNE V.

LES MÊMES, M. MARTIN, MILORD TACITURNE.

MILORD, *entrant en riant.*

Ah ! ah ! ah! ce était plaisant ! ce était particulier !

M. MARTIN.

Ainsi, Milord, vous convenez que vous avez ri ?

MILORD.

Yes, M. Martin, je avais ri, ri de tout mon cœur; la joie, de toutes ces soldats, il avait rendu moi toute joyeuse.

MIMI.

Messieurs, messieurs, au secours.?

M. MARTIN.

Qu'est-ce ?

MIMI.

Une femme qui vient de tomber en syncope.

M. MARTIN.

Que vois-je ! c'est une de ces dames de l'*hôtel de l'Union*; vite, Milord ! votre flacon !

MILORD.

Tenez... c'était du vinaigre des Quatre-Filoux.

MIMI.

La voilà qui revient dans son état naturel.

M. MARTIN.

Le froid l'aura saisie ?

MIMI.

Ah oui ! mais... je crois plutôt que c'est le chaud.

MILORD.

Yes le colorique.

MIMI.

C'est qu'il y a de l'amour sous jeu.

M. MARTIN.

Ah! je vois ce que c'est.

LA PROVENÇALE, *ouvrant les yeux.*

Lavaleur.

MIMI.

Elle parle! elle est sauvée!

LA PROVENÇALE.

AIR *de la Tyrolienne.*

Quoi! Lavaleur, oubliant sa promesse,
Va de l'hymen former les nœuds sans moi.
Gentil housard, qui trahis ta maîtresse,
Te verra-t-on plus fidèle à ton Roi?

M. MARTIN.

Calmez-vous, ma jeune amie,
Le cœur de l'homme est léger;
Mais femme jeune et jolie,
Aisément peut se venger.
Et souvent l'Amour,
Par un malin tour,
Sait d'un inconstant
Faire le tourment.
Vous êtes jeune et jolie,
Changez comme votre amant.

ENSEMBLE.

M. MARTIN.	LA PROVENÇALE.
Calmez-vous, ma jeune amie,	Quoi! Lavaleur oubliant sa promess
Etc.	Etc.

SCÈNE VI.

LES MÊMES, LAVALEUR.

LEVALEUR, *entrant.*

Où donc est-il, M. Mimi? Eh! le voilà... Pardon de vous avoir fait attendre; mais le devoir avant tout... D'ailleurs, il y a ici quelque chose qui me revient et qui fera plaisir à votre sœur, je ne vous dis que ça.

MIMI.

Ah! oui, mais, M. Lavaleur, voici encore quelqu'un qui vous attend.

LAVALEUR.

Moi! (*Il s'avance vers la provençale.*)

LA PROVENÇALE, *se retournant.*

Ce n'est pas lui!... ce n'est pas mon Lavaleur... le mien est à cheval.

MIMI.

Il y a donc deux Lavaleur?

LAVALEUR.

Ça vous étonne, M. Fluet?

Air *de Julie.*

Au champ d'honneur, pour la patrie,
On a vu nos braves soldats,
Du bronze bravant la furie,
Affronter cent fois le trépas:
Aussi, d'après leur renommée,
On peut sans crainte et sans erreur,
Nommer du nom de Lavaleur,
Tous les soldats de notre armée.

LA PROVENÇALE.

Où donc vais-je trouver le mien à présent?

LAVALEUR.

Au quartier de la cavalerie... mais rassurez-vous, le cavalier dont vous parlez est mon ami, je l'ai invité à ma noce, et en sortant d'ici, nous l'irons chercher ensemble.

MIMI.

Voilà un quiproquo qui m'a fait bien peur, par exemple.

LA PROVENÇALE, *avec l'accent.*

Et à moi donc! j'en ai encore le frisson.

LAVALEUR.

Nous ferons les trois noces ensemble.

LA PROVENÇALE.

Ça ne se peut pas encore : le père de Lavaleur veut que j'aie une dot de trois cents francs, et je n'ai rien.

M. MARTIN.

Vous n'avez rien, pauvre petite !

MIMI.

Oh oui! mais si le commerce de coton allait bien cette année !

LAVALEUR.

Silence! voici M. le Maréchal et tous nos camarades.

SCÈNE VII.

LES MÊMES, LE MARÉCHAL, SOLDATS.

CHOEUR.

Air : *Honneur a la musique.*

Rendons, rendons hommage
A l'illustre guerrier,
Qui sut par son courage,
Cueillir plus d'un laurier.

LE MARÉCHAL.

Mes amis, c'est toujours avec un nouveau plaisir que je me trouve au milieu de vous, et c'est avec une joie toute française que je viens vous exprimer la satisfaction de sa Majesté... Soldats! la France vous doit sa gloire, il faut qu'elle vous doive aussi son bonheur, vos armes ont soumis, tour à-tour, toutes les nations ; qu'elles défendent désormais nos frontières et le trône de Saint-Louis.

LES SOLDATS, *agitant leurs armes.*

Vive le Roi !

LE MARÉCHAL.

Oui, mes amis, que ce soit toujours là votre cri de ralliement.

RONDEAU DU ROI ET LA LIGUE.

Vive le Roi! (*bis.*)
C'est le cri de toute l'armée!
Vive le Roi!
C'est le cri de toute l'armée!
Sachons lui garder notre foi;
Et répétons à la France charmée:
Vive le Roi!
Trop long-temps au champ de victoire,
L'ambition des conquérans
Paya les palmes de la gloire,
Du sang de ses nobles enfans;
Mais vainement le sort t'accable,
Peuple vaillant et généreux,
Tu seras toujours redoutable;
Ton Roi seul peut te rendre heureux.
Vive le Roi! (*bis.*)
C'est le cri de toute l'armée,
Sachons lui garder notre foi,
Et répétons à la France charmée:
Vive le Roi! (*bis.*)

MILORD, *à monsieur Martin.*

Voyez comme ces soldats ils étaient contents... et joyeuses beaucoup.

M. MARTIN.

Milord, je l'ai observé avant vous.

LE MARÉCHAL.

Vous, mes amis, venez recevoir, en présence du régiment assemblé, les récompenses glorieuses qui furent promises à la fidélité; vous irez de là partager l'allégresse publique, et vous viendrez ensuite vous réunir auprès du berceau de notre Henri.

M. MARTIN.

Observez, Milord, que c'est le Henri de tout le monde.

MILORD.

Yes, jé aurai vu... partons.

CHOEUR.

Amis, rendons hommage
A l'illustre guerrier,
Qui sut par son courage,
Cueillir plus d'un laurier.
(Ils sortent.)

ACTE III.

(*Le Théâtre change et représente le Théâtre de l'Opéra-Comique, au moment de la répétition. Les Chœurs, en eostumes de ville, sont placés aux deux côtés de la scène. Madame* Desbrosses, *Mademoiselle* Leclerc, *M* Juliet *fils sont assis du côté du théâtre. On répète le morceau final du* Roi et la Ligue.)

SCÈNE I.

CHOEUR ET DANSES.

Vive Henri-Quatre !
Vive ce Roi vaillant;
Ce diable à quatre
A le triple talent
De boire et de battre,
Et d'être verd galant.
(*Après la danse.*)

FROMAGEOT.

Messieurs et Mesdames, les Chœurs de l'Opéra-Comique, demain la répétition générale de la musique du *Roi et la Ligue*; la reprise est pour lundi.

MAD. DESBROSSE, *se levant.*

Répétons maintenant la musique de *Charles de France.*

JULLIET *fils, se levant.*

Tous les acteurs ne sont pas ici.

Mad. DESBROSSES.

Ils sont à la Chapelle ; ils vont venir, commençons toujours.

Mlle. LECLERC.

Je les ai laissés sous les fenêtres des Tuileries ; le Duc de Bordeaux allait se montrer.

Mad. DESBROSSES.

Le Duc de Bordeaux allait se montrer!.. (*Prenant son schall*) Mes enfans, je reviendrai avec eux... je vais aux Tuileries (*A mademoiselle Leclerc.*) Ma petite, voulez-vous venir avec moi... vous me mettrez dans votre cabriolet ?

Mlle. LECLERC.

Impossible !... mon cabriolet n'a que deux places.... d'ailleurs il serait trop tard.

Mad. DESBROSSES.

C'est que je ne l'ai pas encore vu, ce cher enfant! et je suis impatiente de voir s'il ressemble à son père.

JULLIET *fils*.

Puisque nous voilà tous les trois, commençons la répétition. (*A l'orchestre.*) Quand vous voudrez, Messieurs, le numéro premier.

Mad. DESBROSSES.

ROMANCE (1).

1er. COUPLET.

Ce vieux chêne dont le feuillage
Protégeait le meilleur des Rois,
Quand il venait, sous son ombrage,
A ses enfans offrir des lois.
Sous la vieillesse trop funeste,
Hélas ! il est tombé, dit-on :
Le chêne est mort; mais il en reste,
Heureusement, un rejeton.

JULLIET FILS.

2e. COUPLET.

Ainsi du chêne et d'un Roi sage
Le sort est à-peu-près pareil,
Le vieux chêne, par son feuillage,
Préservait des feux du soleil;

(1) Cette romance est de *Charles de France*, ainsi que celle qui suit.

De Saint Louis l'âme céleste
Protégea la France, dit-on;
Ce Roi n'est plus... mais il en reste,
Heureusement, un rejeton.

mlle. LECLERC.

3e. COUPLET.

Quand Naples s'unit à la France,
Puisse, comblant tous nos souhaits,
Dans trois mille ans, cette alliance,
Fairé dire à tous les Français :
Ne craignons plus un sort funeste,
En regrettant des Rois si bons;
N'oublions pas qu'il nous en reste,
Heureusement les rejetons.

SCÈNE II.

LES MÊMES, M. MARTIN, MILORD TACITURNE.

M. MARTIN, *arrive avec Milord... Il regarde les acteurs comme s'il cherchait quelqu'un.*

mad. DESBROSSE.

Quels sont ces deux Messieurs?

JULLIET *fils.*

Il y a milord Rosbif, d'abord..... quant à l'autre..... inconnu.

mlle. LECLERC.

Ah! je le connais bien moi! C'est M. Martin, surnommé l'*Observateur.* On le trouve partout; c'est un original assez amusant.

mad. DESBROSSE.

Est-ce qu'il vient observer ici?

M. MARTIN, *approchant avec son lorgnon.*

Pardon, Mesdames; je voudrais parler à l'auteur de la pièce, je suis son ami... c'est moi qui lui fait les meilleurs observations sur ses pièces, et qui, dans la salle, quand on les joue (*il fait le geste d'applaudir.*) j'ai même fait un tiers de pièce avec lui.

MAD. DESBROSSE.

Pour ici.

M. MARTIN.

Non, pour le Vaudeville.

MLLE. LECLERC.

Monsieur, l'Auteur est absent; mais si vous voulez l'attendre, il ne doit pas tarder à venir.... nous lui avons demandé des corrections.

M. MARTIN.

Puisque vous le permettez, nous allons nous asseoir, Milord et moi.... nous aurons, en attendant, le plaisir de vous entendre.

MILORD.

Yes! le plaisir... (*Bas à Martin*) et vous espérez faire chanter moi ici ?

M. MARTIN, *bas.*

Si vous ne chantez pas à l'Opéra-Comique, où diable chanteriez vous donc ?

MILORD.

Je ne chanterai nulle part, et vous aurez perdu le pari.

M. MARTIN, *frappant sur sa poche.*

C'est ce que nous verrons; du reste, vos cent cinquante louis sont là.

MILORD, *frappant sur son gousset.*

Et vos cent cinquante guinées ici.

MAD. DESBROSSE.

Mais ces Messieurs n'arrivent pas.

JULLIET *fils.*

Parce qu'ils sont Sociétaires, ils se font toujours attendre

MLLE. LECLERC.

Voici toujours ces Dames.

M. JULLIET *fils.*

Que faire avec ces Dames sans ces Messieurs ?

MAD. DESBROSSE.

On peut toujours répéter la romance du second acte.

SCÈNE III.

LES MÊMES, MAD. LEMONIER, MAD. PAUL.

MAD. LEMONIER, *entrant en faisant une roulade.*

Ah! ah! ah! ah!

MAD. PAUL.

Allons, mes amis... vite la romance.

M. JULLIET *fils.*

Et Martin qui n'est pas là!

MAD. LEMONIER.

Nous chanterons sans lui.

MAD. PAUL.

Mais il a la principale partie dans le troisième couplet qui se chante en trio.

M. MARTIN, *se levant.*

Si ces Dames voulaient le permettre, je chanterais pour M. Martin, moi!

MAD. LEMONIER.

Vous, Monsieur?

M. MARTIN.

Pourquoi pas?. je chante un peu!.. j'ai même fait des observations sur l'*Art musical*, qui sont très-estimées.

MAD. LEMONIER.

Savez-vous la romance?

M. MARTIN.

C'est ma romance de prédilection.

MILORD, *tirant monsieur Martin par l'habit.*

Vous allez chanter, vous?

M. MARTIN.

Puisque vous ne voulez pas chanter, il faut bien que je chante. (*A ces dames.*) Je suis à vos ordres.

MAD. LEMONIER, *à l'orchestre.*

N'accompagnez pas trop fort; laissez bien entendre les paroles, surtout au troisième couplet, c'est le vœu de tous les Français.

ROMANCE.

1er. COUPLET.

Noble écuyer, soutien du diadème,
Prend ce saphir, par ma main présenté;
Et qu'à jamais il devienne l'emblème
Des chevaliers de la Fidélité.

2e. COUPLET.

Que tout Français, fidèle à sa patrie,
Fidèle au Roi, fidèle à la beauté,
En recevant cette bague chérie,
Soit chevalier de la Fidélité.

M. MARTIN.

3e. COUPLET.

Que le Roi vive et la France prospère!
Sur les autels que Dieu soit respecté:
Ce sont les vœux, c'est l'unique prière,
Des chevaliers de la Fidélité.

(*Milord entraîné ôte son chapeau et recommence le troisième couplet, tout le monde s'arrête; et il chante un vers seul.*)

M. MARTIN.

Vous avez chanté, Milord.

MILORD.

Goddem! ce était vrai.. je avais été attendri, entraîné!.. et je voulais chanter encore une fois. (*On reprend le troisième couplet en chœur.*)

MILORD.

Yes, yes, je avais chanté et je chanterai même encore, mais je ne danserai pas.

M. MARTIN.

C'est ce que nous verrons.

JULLIET.

Voici l'Auteur.

Mad. LEMONIER.

C'est-à-dire, la moitié de l'Auteur, car ils sont deux.

M. MARTIN, *lorgnant du côté par où l'auteur va entrer.*
C'est précisement la fraction que je ne connais pas.

SCÈNE IV.

LES MÊMES, L'AUTEUR.

L'AUTEUR, *arrivant.*

Me voilà, Messieurs et Mesdames, me voilà !... je vous ai peut-être fait attendre, mais vous me pardonnerez en faveur de la circonstance : tout le monde est heureux aujourd'hui.

Air *d'une Contredanse.*
Vaudev. de Caroline ou l'Ermite aux Variétés.

Enfin Notre France
Perd le souvenir de ses malheurs ;
Et l'espérance
Est dans tous les cœurs !

Déja s'élançant,
Le commerçant,
Sur un rivage florissant,
Au loin s'empresse,
D'aller chercher la richesse.

Le cultivateur
Consolateur,
Dans ses travaux double d'ardeur :
Son industrie
Sert à nourrir sa patrie.

Nos capitalistes,
En Europe, savent prospérer.
Et nos artistes,
S'y font admirer.

Le bon vieux rentier,
Touche en entier
Le revenu de son quartier;
Sa rente augmente :
Il n'est plus rien qui le tourmente.

Le gai villageois,
Comme un bourgeois,
Peut mettre en gaité quelquefois,

Sa femme franche,
Et la poule au pot le dimanche.

Nos grands publicistes
Montrent un esprit bien moins discord.
Les journalistes
Sont presque d'accord.

Chacun fait gaiement,
Vers ou roman;
Aussi nos auteurs maintenant,
On peut le croire,
En amateurs vont à la gloire.

Fier d'avoir lutté,
Le député,
Toujours sans être rebuté,
Sert sa province,
Et voit son pays dans son prince.

Les méchans sommeillent;
Mais de crainte d'un réveil nouveau,
Nos guerriers veillent
Auprès d'un berceau!

MAD. DESBROSSE.

Ah! mon cher petit auteur, il faut que je vous embrasse!

L'AUTEUR.

De tout mon cœur;... mais répétons vite les paroles, ces Messieurs doivent être là... ils montaient derrière moi... le souffleur est-il dans son trou?... oui... bien, allons, place au théâtre! Fromageot, priez ces Messieurs de venir.

MAD. DESBROSSE.

Vous avez raison, les répétitions avant tout, voilà comme je suis...

FROMAGEOT.

Monsieur, ils viennent de repartir pour voir Monseigneur le duc de Bordeaux qui se promène sur la terrasse du bord de l'eau.

MAD. DESBROSSE.

Le duc de Bordeaux se promène sur la terrasse! à demain la répétition.

L'AUTEUR, *l'arrêtant.*

Mais, Madame...

Mlle. LECLERC.

Mais Monsieur, nous allons repasser nos rôles au Tuileries.

M. MARTIN.

Si ces dames veulent permettre, Milord et moi les accompagnerons. (*A part.*) Je trouverai par là l'occasion de le faire danser.

L'AUTEUR.

Mais je vous ferai observer...

M. MARTIN.

Monsieur vous me ferez plaisir... c'est mon bonheur et mon état.

Mad. DESBROSSE.

Partons, je prends le bras de Milord.

MILORD.

Medame! je étais dans le enchantement de le satisfaction... (*A part, avec fierté.*) Goddem, je aurai donné le bras à une actrice.

Air *de la Chasse du Jeune Henri.*

Allons, courons voir notre *Henri*;
Ce Prince, comme a dit sa mère,
Est l'enfant de la France entière,
Il doit être le mien aussi.

Mad. LEMONIER.

De cet illustre rejeton,
Que notre cœur soit idolâtre,
Et prouvons que notre théâtre
Est royal de cœur et de nom.

Mad. DESBROSSE.

Aimons le bien toujours ainsi,
Surtout conservons bien, ma chère,
Le souvenir de son père,
C'est encor de l'amour pour lui.

CHOEUR GÉNÉRAL.

Allons, courons voir notre *Henri*,

Ce prince, comme a dit sa mère,
Est l'enfant de la France entière,
Il doit être le nôtre aussi.

ACTE IV.

(Le Théâtre change et représente le Marché des Innocens. Il coule du vin de la fontaine.)

SCÈNE I.

JAVOTTE, MANON, Poissardes, LA MÈRE BONTEMS, Forts de la Halle et Poissardes.

CHOEUR.

Air *du Vaudeville des Pages du Duc de Vandôme.*

Et gai, gai, gai, mes chers amis !
Viv' la danse,
La cadence,
Et gai, gai, gai, mes chers amis,
Plus d' pein', plus de soucis.

JAVOTTE.

Pour c'te fêt' sans égale
C'est partout l'même refrain,
Et l'on danse à la Halle
Comme au quartier d'Antin.

CHOEUR.

Eh ! gai, gai, gai, etc.

Si notre cœur se signale,
Pour c't'enfant not' amour ;
C'est qu'on l'aime à la Halle
Comme on l'aime à la Cour.

CHOEUR.

Eh ! gai, gai, gai, mes chers amis !
Etc.

LA MÈRE BONTEMS.

Ah! mes enfans; quel bonheur pour vous d'avoir été du nombre des jeunes filles que la Ville marie cette année pour le baptême de notre Henri, ce jour vous portera bonheur.

JAVOTTE.

Je l'espère, ma mère.

MANON.

C'est au Duc de Bordeaux que je devons le plaisir d'épouser Lavaleur, aussi je lui souhaite d'avance autant de bonheur qu'il nous en promet ; et, en ma qualité de marchande de bouquets, voici ce que je demande pour lui.

Air : *Voulez-vous savoir l'histoire.*

Puisse-t-il par sa vaillance,
Cueillir maints laurier,
Puis, pour l'bonheur de la France,
Planter l'olivier.
Puisse, une Ros' jeune et belle,
S'unissant au Lys,
L'ciel lui donner l'immortelle,
Et jamais d'soucis.

JAVOTTE.

Et moi donc, en ma qualité d'écaillère, voici ce que je demande au ciel, la mère Bontems.

Même Air.

Puiss' par un sort tutélaire,
Ce petit Fanfan,
Avoir les vertus d'son père,
Et celles d'sa maman.
Puisse-t-il casser les vitres,
D'queuqu' ennemi voisin,
Et s'régaler de mes huîtres,
En deux mill' quatr'-vingt.

LA MÈRE BONTEMS.

Mais je ne vois pas revenir Lavaleur et Mimi.

JAVOTTE.

Lavaleur est z'à son quartier, et l'ami Mimi z'est allé le chercher.

MANON.

Tu verras, Javotte, que ton Lavaleur et ses grenadiers auront fait boire mon fiancé, et que je n'en pourrai rien tirer du tout aujourd'ui...

JAVOTTE.

Bah! un jour comme aujourd'hui, z'il est permis de se mettre un peu dedans, et je suis bien sûre que Lavaleur sera z'un peu casquette ce soir; mais demain il n'y paraîtra plus, et vive le Roi!

SCÈNE II.

LES MÊMES, MICHEL DUMONT, LE PORTEUR *d'eau avec ses sceaux.*

MICHEL.

Oui, mes enfans, vive le Roi long-temps, et les Bourbons toujours.

LA MÈRE BONTEMS.

C'est comme ça que nous pensons tous, à la halle, M. Michel Dumont.

MICHEL.

Et c'est bien penser, mère Bontems, c'est bien penser.

Air *de Lantara.*

Que toute discor de finisse,
Amis des arts, d' la bonne foi,
Amis d'la paix, de la justice,
Criez, criez vive le Roi!
Hélas! après tout ce qui nous arrive,
Sur ce bon Roi, soyons d'accord:
Si tout le monde avait crié *qu'il vive!*
Que de braves gens vivraient encor.

TOUS.

Si tout le monde, etc.

LA MÈRE BONTEMS.

Mais comment se fait-il que vous travaillez aujourd'hui! M. Dumont?

MICHEL.

Appelez-moi Michel, mère Bontems; c'est à présent le plus beau patron du calendrier (*ôtant son chapeau*) après Saint-Louis s'entend.

LA MÈRE BONTEMS.

Ah! je sais se que vous voulez dire...

Air : *Vaudeville des Visitandines.*

C'est un vrai miracle, j'espère !
L'an passé, par un coup du Ciel,
C't'enfant, qui doit être notre père,
Est venu pour la Saint-Michel.
Il faut le dire à sa louange,
Saint-Michel est un bon patron :
Jadis il chassa le démon :
Voilà qu'il nous envoie un ange !

MICHEL.

C'est ça, mère Bontems, c'est ça ; mais ne vous étonnez pas de me voir travailler aujourd'hui : d'abord je suis employé dans l'entreprise des bains à domicile ; et puis regardez cette fontaine, c'est mon élément des jours de fête ; mais je crois que je vois venir maître Jacques, le savetier de la place Maubert

JAVOTTE.

Eh oui ! que c'est lui..... Ah ! mon dieu ! j'avons oublié de l'inviter à notre noce.

SCÈNE III.

LES MÊMES, JACQUES, *endimanché.*

JACQUES, *arrivant en danseur.*

Eh ! les amis ! me voilà ! me voilà !

LA MÈRE BONTEMS.

Eh ben ! est-ce que vous n'amenez pas Margot ?

JACQUES.

Margot ! je l'ai laissée sur le quai aux Oiseaux, et je viens me prier pour la noce.

MANON.

Nous allions envoyer chez vous, maître Jacques.

JAVOTTE.

C'est vrai : je lui en parlais pas plus tard que tout-à-l'heure.

JACQUES.

J'ai dit : ils sont capables de m'avoir oublié ; j'ai pris ma perruque et me voilà. (*Sautant et faisant des entrechats en tenant sa culotte.*) Il faut que je m'amuse aujourd'hui ou que je dise pourquoi.

Air de La Palisse.

Oui j'suis un luron, moi,
Luron pour la vie.
Vive le Roi!
Ma femme et moi,
Voilà ce que je crie!
J'prétends me griser ici,
Comm' si c'était dimanche:
Ma Margot, pour aujourd'hui,
M'a donné carte blanche.

(*Dansant.*)

Oui etc.

Enfans, mettons-nous en train
Pour cet enfant qu'on aime,
Et qu'il n'y ait que notr' vin
Qui n'soit pas du baptême.
Oui j' suis un luron, moi!
Luron pour la vie.
Vive le Roi!
Ma femme et moi,
Voilà ce que je crie!

JAVOTTE.

Mais Lavaleur qui n'arrive pas... c'Colas!

MANON.

Et Mimi donc!... s'ils se font attendre ainsi z'avant la noce.

JACQUES.

Qu'est-ce que ce sera donc après, pas vrai?

LA MÈRE BONTEMS.

Ne sont-ce pas eux que je vois venir par là?

JACQUES.

Ça! ce sont des muscadins!

JAVOTTE.

Eh non, c'est un milord... butor!

MANON.

Avec un faraud... magot !

JACQUES.

Tiens, c'est vrai, c'est un milord !

JAVOTTE.

Oh ! la drôle de mine ! il a l'air tout chose.

MANON.

Il a z'une figure de l'an passé, quoi ! (*Tous rient aux éclats.*)

SCÈNE IV.

LES MÊMES, M. MARTIN, MILORD.

MILORD.

Il paraîtrait que la gaîté il serait très-joviale ici ?....

M. MARTIN.

C'est la gaîté populaire ; j'ai toujours observé que c'était la plus franche ; je viens souvent à la Halle, tel que vous me voyez : c'est l'endroit de Paris où il se dépense le plus d'esprit.

MILORD.

J'y étais jamais venu, moi.

JAVOTTE.

Eh ! c'est M. Martin, l'un des plus grands consommateurs d'huîtres de Paris

MILORD.

Elle était jolie l'écaillère.

M. MARTIN.

C'est ce que j'ai observé depuis long-temps.,. mais que vois-je ! Manon, vous vous mariez ?..

MANON.

Un peu, mon neveu !

JAVOTTE.

Ce n'est pas nous, c'est la Ville qui nous marie, et je la laissons faire.

M. MARTIN.

Il paraît, mes amis, que vous êtes aujourd'hui plus gais que de coutume.

JAVOTTE.

Et comment cela ne serait-il pas... Nicolas ?

Air : *Ne rend pas amour pour amour.*

Désormais plus de tristesse,
Tous nos maux seront finis;
Car le Roi prouve sans cesse,
Son amour pour son pays.

M. MARTIN.

Oui, le Roi chérit la France,
Aussi la France, à son tour,
Heureuse sous sa puissance,
Sait lui rendre amour pour amour!

MANON.

A la parfin, voilà Lavaleur et Mimi.

JAVOTTE.

Mais qu'est-ce que je vois donc ? ils donnent le bras à une femme ?

MANON.

Et Mimi lui glisse des douceurs dans le tuyau de l'oreille, je crois ; je vais boxer la particulière !

SCÈNE V.

LES MÊMES. LAVALEUR, MIMI, LA PROVENÇALE.

JACQUES.

Oh ! oh ! un peu de douceur, la Venus aux giroflées.

MANON, *lui donnant un soufflet.*

Tu n'as rien à faire ici, bouffi.

JACQUES.

Un souflet !.. ça m'est égal, je suis ici pour m'amuser.

LA MÈRE BONTEMS.

Arrivez donc ! vous autres ! arrivez donc, est-ce que vous ne savez pas qu'on nous attend pour aller à la Mairie ?

JAVOTTE, *regardant la provençale.*

J'voudrais ben savoir, M. Lavaleur, ce qui a pu vous retenir si longtemps loin de votre fiancée? Je vous préviens que je ne suis pas faite pour z'attendre, et que je n'attendrai pas deux fois.

MANON.

Et moi z'aussi, M. Mimi!

MIMI.

Ne te fâche pas, ma bonne amie, si je suis resté si longtemps absent de tes charmes, il n'en faut accuser que Lavaleur.

JAVOTTE.

Comment cela?

MIMI.

Eh! sans doute, il attendait quelque chose là-bas, et il n'a pas voulu venir avant que ça ne fut venu.

MANON.

Et quoi que c'est donc que ça?

LAVALEUR, *ouvrant sa redingotte et montrant sa croix.*

Regarde!

TOUS.

La croix!

LAVALEUR.

Oui, la croix!

JACQUES, *à part, sautant.*

Avec le mariage... ça lui en fera deux.

LAVALEUR.

Air: *Aussitôt que la lumière.*

C'est le prix de mes services,
Mon sang coula pour l'état;
Et j'ons-là des cicatrices,
Qui prouv'nt que je fus soldat;
Mais tous nos guerriers, je pense,
Méritent la mêm' faveur.
De tous temps l'armée en France,
Fut un' légion d'honneur!

Chœur.

De tous temps l'armée en France,
Fut un' légion d'honneur !

MILORD.

C'est véridique et véritable. (*A .M Martin*) Il paraîtrait, mon ami, que je ne danserai pas d'aujourd'hui.

M. MARTIN.

La journée n'est pas terminée.

LA MÈRE BONTEMS.

Allons, rendons-nous à la mairie.

JACQUES.

C'est ça ! à la mairie ; il me tarde d'en être déjà au repas de noces.

MANON.

Un moment... il me faut z'une explication (*Bas à Mimi, montrant la Provençale.*) Qu'elle est cette concitoyenne ?

MIMI, *haut.*

C'est une étrangère de la Provence en Languedoc, et cousine de M. Lavaleur que voilà. (*bas.*) c'est sa personnière.....

MANON.

C'est différent... z'en route pour le matrimonium.

M. MARTIN.

Un moment, mes amis, nous ne nous séparerons pas sans danser une ronde.

MILORD, *à part.*

C'est pour faire danser moi... tenons bien nos pieds par terre...

LAVALEUR.

Vous êtes un bon vivant, M. Martin.

M. MARTIN.

Et je veux l'être jusqu'à ma mort.... En rond, mes amis: tout le monde aujourd'hui doit se donner la main.

MILORD.

Excepté moi, je voulais pas danser.

MANON.

Et bien on te fera valser.

M. MARTIN.

Non, non, ne forçons pas les gens à se divertir; on en trouve assez qui sont portés de bonne volonté.. M. Lavaleur! une ronde.

LAVALEUR.

Voici celle de mon régiment.

Air connu.

1er. COUPLET.

C'est Latulipe qu'on m'appelle;
Et je suis un bon soldat,
Par principe, je suis fidèle,
Et j'ai d'l'honneur par état;
En avant,
Fanfan
Latulipe,
Mill' millions d'un pipe,
En avant.

Qu'on me blâme ou non,
Je suis toujours rond
Et luron,
Sans façon,
D'bonne foi,
Tout au Roi,
Par principe:
En avant,
Etc.

(*On danse autour de Milord.*)

2e COUPLET.

Que je rencontre une belle,
Aussi douce qu'un mouton;
Que je trouve une cruelle,
Pire cent fois qu'un démon.
En avant,
Etc.

MILORD.

God! le Français, il était un peuple bien jovial dans le réjouissance publique.

LAVALEUR.

3e. COUPLET.

Que l'canon se fasse entendre,
Je l'écouterai sans effroi;
Aux combats, s'il faut se rendre,
Afin d'mourir pour mon Roi!
En avant,
Etc.

(*On danse : Milord entraîné va danser, il s'arrête; on danse autour de lui.*)

Chœur et danse.

En avant,
Fanfan
Latulipe,
Etc.

LAVALEUR.

Le dernier couplet, et nous filons.

4e. COUPLET.

Français, vivons tous en frères,
Et plus de haines enfin;
Pour moi, si mes adversaires
N'osent me tendre la main,
En avant,
Fanfan
Latulipe;
Mill' millions d'un' pipe!
En avant.

(*On danse; Milord n'y pouvant plus tenir, danse aussi; M. Martin fait cesser la danse générale, et Milord, par distraction, danse tout seul.*)

MILORD, *dansant.*

En avant,
Fanfan
Latulipe;

Mille millions d'un' pipe !
En avant,
En avant.

M. MARTIN.

Vous dansez, Milord.

MILORD.

Damnation ! ce était vrai !... mais je ne pleurerai point toujours ; je suis trop joyeuse pour ça. (*Il veut danser.*)

En avant !

M. MARTIN.

Assez, assez, ne retardez point le bonheur de ces jeunes gens.

JACQUES.

C'est ça, allons à la mairie de l'arrondissement, et de là nous irons en corps au château des Tuileries, voir notre Fanfan Dieudonné.

LAVALEUR.

C'est dit.

CHOEUR.

En avant,
Fanfan
Latulipe ;
Mille millions d'un' pipe !
En avant.

(*Ils sortent en dansant.*)

ACTE V.

(*Le Théâtre change et représente une galerie de l'appartement du Duc de Bordeaux ; une draperie cache le fond.*)

SCÈNE I.

M. LEFRANC, ET LE CHOEUR DES DAMES FRANÇAISES, *entrant.*

Air d'*Aline.*

Par notre voix, notre présence,
En ces lieux notre belle France,

A ce noble enfant, en ce jour,
Vient offrir ses vœux, son amour!
Ah! quel beau jour!
Quel heureux jour!

CHOEUR DE MILITAIRES, *entrant.*

D'espoir et de gloire animée,
Par notre voix toute l'armée,
A ce noble enfant, en ce jour,
Vient offrir ses vœux, son amour!
Ah! quel beau jour!
Quel heureux jour!

CHOEUR D'ARTISTES.

Les artistes qu'aimait son père,
Viennent, dans leur gaîté sincère,
A ce noble enfant, en ce jour,
Offrir leurs vœux, et leur amour!
Ah! quel beau jour!
Quel heureux jour!

JACQUES, MICHEL, LE CHOEUR DES DAMES DE LA HALLE ET LES FORTS.

Le peuple de la Capitale,
Brûlant d'une ardeur sans égale,
A ce noble enfant, en ce jour,
Vient offrir ses vœux, son amour!
Ah! quel beau jour!
Quel heureux jour!

Ensemble.

Ah! quel beau jour!
Quel heureux jour!

SCÈNE II.

LES MÊMES, M. MARTIN, MILORD.

MILORD.

Oh! oh! mon hami, ce était bien extraordinaire: toute le monde il entrait dans le palais du Roi, comme chacun chez lui dans sa propre maison.

M. MARTIN.

Eh Milord! la maison d'un bon père est ouverte à tous ses enfans.

MILORD.

Yes! ce était juste: les Bourbons ils étaient de bons princes.

M. MARTIN.

C'est ce que j'ai toujours observé.

JAVOTTE, *à une Sentinelle.*

Eh ben, est ce que je n'allons pas bientôt voir le fanfan, méchant?

JACQUES.

Prenez garde, qu'il va se déranger pour vous, mamzelle Javotte!

JAVOTTE.

Eh! pourquoi pas pour moi, comme pour toi, sournois?

MILORD.

Regardez, monsieur Martine, ce était toute le monde que nous avons vu aujourd'hui.

M. MARTIN.

Cela ne m'étonne pas, c'est ici le rendez-vous de tous les braves gens. Et j'observe qu'il n'y aura pas de place pour tous les bons français.

L'HUISSIER.

Place, place! voici monsieur le Maréchal!

MILORD.

Monsieur Martine, la gaîté il était encore ici; et je croyais que je ne pleurerai point aujourd'hui.

SCÈNE III.

LES MÊMES, LE MARÉCHAL, OFFICIERS DE SA SUITE.

LE MARÉCHAL.

Mes amis, le prince repose, mais son auguste mère veut que vous puissiez le contempler dans son berceau.

CHOEUR.

Air de la Psyché du Vaudeville.

Ah! Qu'il s'offre à nos yeux!
De sa douce présence

Faites jouir la France,
Dont il comble les voeux.
Si, du nom d'un grand homme,
On l'appelle Henri,
Tout le peuple le nomme
Chéri !

(Ici le rideau du fond le lève, et l'on voit le berceau du Prince, entouré des dames du berceau et de soldats de la garde.)

M. MARTIN.

Qu'avez-vous donc, Milord ?

MILORD.

Je étais tout émue ! mais je ne pleure pas !

M. MARTIN.

Chant religieux.

O Dieu puissant ! sur notre Henri
Étends une main tutélaire.
La France, dont il est chéri,
Pour lui t'adresse sa prière.
Par sa valeur, par ses bienfaits,
Qu'il soit la gloire de sa mère;
Qu'il aime toujours le Français,
Et soit plus heureux que son père !..

CHOEUR GÉNÉRAL.

(Tout le monde à genoux, excepté les sentinelles, et tous les bras étendus vers le Ciel.)

Par sa valeur, par ses bienfaits,
Qu'il soit la gloire de sa mère.
Qu'il aime toujours les Français,
Et soit plus heureux que son père !

MILORD, *prenant son mouchoir et s'essuyant les yeux.*

Monsieur Martine, mon hami, mon hami !

M. MARTIN.

Eh bien ! Milord ! qu'avez-vous donc ?

MILORD, *lui donnant une bourse.*

Je avais... je avais, que je avais perdu, je étais toute attendrie; Goddem ! je pleure.

M. MARTIN.

En êtes vous bien sûr !

MILORD.

Yes et le plaisir que je avais, il valait bien cent cinquante guinées.

M. MARTIN.

Je les prends... l'argent des Anglais est toujours de bonne prise : tenez, mon cher Lefranc, c'est la dot de notre petite Provençale; et vive le Duc de Bordeaux!

TOUS.

Vive le Duc de Bordeaux !

UN HUISSIER DE LA CHAMBRE.

Silence ! mes amis, respectez son sommeil.

JACQUES.

C'est juste, quelque jour il doit veiller pour nous.

LAVALEUR.

Et nous aussi, nous veillerons pour lui.

LE MARÉCHAL.

Nous veillerons ensemble, mes amis; faites-en avec moi le serment!

Air : *Dormez, donc, mes chères amours.*

Jurons de défendre ce fils,
Digne héritier de Saint-Louis,
Et qui fera fleurir les lis,
Dont la tige, sur ce rivage,
Fut long-temps en butte à l'orage,

(Tous étendent leurs épées vers le berceau; et le Peuple, les branches de laurier qu'il tient.)

Dormez, donc, nos chères amours,
Sur vous nous veillerons toujours.

(Le Rideau tombe sur ce Tableau.)

FIN.

www.ingramcontent.com/pod-product-compliance
Ingram Content Group UK Ltd.
Pitfield, Milton Keynes, MK11 3LW, UK
UKHW021033180726
13838UKWH00004B/1783

9 782329 387611